Korell

Quellen am Weg

Mit guten Gedanken durch das Jahr

Quellen am Weg

Mit guten Gedanken durch das Jahr

benno

Zusammengestellt und herausgegeben
von Ingrid Dlugos

Bibliografische Information Der Deutschen Bibliothek
Die Deutsche Bibliothek verzeichnet diese Publikation in der Deutschen Nationalbibliografie; detaillierte bibliografische Daten sind im Internet über http://dnb.ddb.de abrufbar.

ISBN 3-7462-1910-8

Stammerstr. 11, 04159 Leipzig
www.st-benno.de
Einband und Layout: Ulrike Vetter, Leipzig
Gesamtherstellung: Arnold & Domnick, Leipzig

Vorwort

Halte dich fest
am Anker des Friedens
im Hafen der Familie,
wenn du im Meer
der Friedlosigkeit der Welt
nicht versinken willst.

Ich möchte diesen Gedanken von Carl Peter Fröhlich, der den Frieden in den Mittelpunkt stellt und damit eine wichtige Lebenswurzel aufgreift, an den Anfang dieses Buches stellen.
Die Wochen und Monate eines Jahres mit ihren alltäglichen Mühen, Begegnungen und Erfahrungen, mit ihren kleinen und großen Sorgen gehen oft unfassbar schnell an uns vorbei. Selten genug finden wir Zeit, um einen Augenblick innezuhalten, um die Werte und Wichtigkeiten zu erkennen und zu unterscheiden, um Gelassenheit und Zuversicht zu finden, die uns immer wieder neu anfangen lassen, um Freude und Dank zu spüren, die uns erkennen lassen, dass wir ein Teil der Schöpfung sind. Aber genau diese Momente der Besinnung auf Wesentliches geben uns Kraft, unseren Lebensweg geradeaus

zu gehen. Patentrezepte für ein glückliches Leben gibt es nicht, wohl aber viele Anregungen und Anstöße, sich Gedanken über sich selbst und seine Mitmenschen zu machen. Wahrscheinlich muss man sich auch manchmal eingestehen, dass man es sich und anderen oft schwerer macht, als es eigentlich nötig wäre.

Die in diesem Buch gesammelten Sprüche und Weisheiten vermitteln einen reichen Schatz von Lebenserfahrungen, die über die Jahrhunderte gewachsen sind. Wir sollten diese klaren und kurz formulierten Gedanken und Worte für unsere eigene Orientierung im Alltag nutzen.

Wer gern wandert, weiß von der labenden Wohltat, an einer Quelle zu trinken und sich zu erfrischen. Auch Worte können wie eine Quelle sein, die neuen Mut geben und unseren Blick für Wichtiges und Wesentliches schärfen.

Ich wünsche Ihnen, dass diese Sprüche Ihre Seele erquicken und dass sie mit den Gedanken, die sie Ihnen nahe bringen, nicht nur sich selbst, sondern auch anderen Menschen Hoffnung geben können.

I

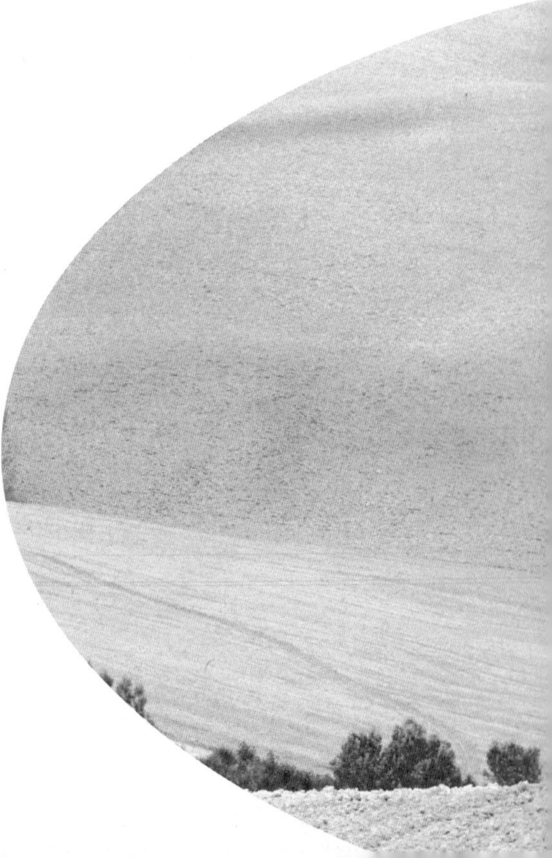

Januar

01. Januar

Das ganze Leben besteht in einem ständigen Neubeginn.

Hugo von Hoffmannsthal

02. Januar

Achte auf deine Gedanken:
Sie sind der Anfang
deiner Taten.

Chinesisches Sprichwort

03. Januar

Habe das Schicksal lieb,
denn es ist der Gang Gottes
durch deine Seele.

Thomas von Aquin

04. Januar

Mache einem Menschen
Freude,
und es beglückt
dein eigenes Herz.

Th. Hieck

05. Januar

Am Baum des Schweigens
hängt der Friede.

Arabisches Sprichwort

06. Januar

Der Mensch ist nie größer
als dort, wo er kniet.

Papst Johannes XXIII.

07. Januar

Über die Vergangenheit jammern, von der Zukunft träumen und die Gegenwart verschlafen: das ist der Bankrott des Lebens.

Josef Cascales

08. Januar

Wer zum Glück in der Welt
beitragen möchte,
der sorge zunächst einmal
für eine glückliche
Atmosphäre im eigenen Haus.

Albert Schweitzer

09. Januar

Güte in den Worten erzeugt
Vertrauen;
Güte im Denken erzeugt Tiefe;
Güte beim Verschenken erzeugt
Liebe.

Laotse

10. Januar

An der Wärme eines sonnigen Herzens blühen verkümmerte Seelen zu neuem Leben wieder auf.

Carl Sonnenschein

11. Januar

Geh mit der Zeit,
aber komme von Zeit
zu Zeit zurück.

Stanislaw J. Lec

12. Januar

Ein Mensch ohne
Mitgefühl verdient nicht
Mensch zu heißen.

Ramakrishna

13. Januar

Die Summe unseres Lebens
sind die Stunden,
in denen wir liebten.

Wilhelm Busch

14. Januar

Die wahre Lebensweisheit
besteht darin,
im Alltäglichen das
Wunderbare zu sehen.

Pearl S. Buck

15. Januar

Fürchte dich nicht vor dem langsamen Vorwärtsgehen, fürchte dich nur vor dem Stehenbleiben.

aus Hongkong

16. Januar

Jeder,
der sich die Fähigkeit erhält,
Schönes zu erkennen,
wird nie alt werden.

Franz Kafka

17. Januar

Wo man Liebe aussät,
da wächst Freude empor.

William Shakespeare

18. Januar

Eine kleine Tat
hat oft mehr Gewicht
als tausend große Worte.

19. Januar

Wenn die Seele
nicht schön ist,
kann sie das Schöne
nicht sehen.

Plotin

20. Januar

An jedem Einzelnen liegt es,
ob aus einem Haus ein
Zuhause wird.

21. Januar

Das Glück ist meistens
wie die Brille, nach der
man vergebens sucht.
Man findet sie nicht, weil man
sie schon auf der Nase hat.

Paul Hörbiger

22. Januar

Die Liebe fordert, dass
wir jedem Menschen zu Hilfe
kommen, der in Not ist,
auch wenn wir feststellen,
dass er Fehler hat.

Vinzenz Pallotti

23. Januar

Es ist traurig,
eine Ausnahme zu sein;
aber noch viel trauriger ist es,
keine zu sein.

Peter Altenberg

24. Januar

Freude öffnet,
Traurigkeit verschließt
das Herz.

Franz von Sales

25. Januar

Vergiß nicht, dass das Zusammenleben mit dir genügen kann, sich den Himmel zu verdienen.

Madeleine Delbrêl

26. Januar

Werde kein Mensch,
der die Hände
zum Nehmen ausstreckt
und zum Geben einzieht.

Didache

27. Januar

Die Wahrheit ist nützlicher
für den, der sie erfährt,
als für den, der sie sagt.

Pascal

28. Januar

Nichts gelingt gut,
außer man vollbringt
es mit Freude.

Thomas von Aquin

29. Januar

An einem hinunter-
geschluckten Wort
ist noch keiner erstickt.

Persisches Sprichwort

30. Januar

Nehmt die Menschen
wie sie sind, nicht
wie sie sein sollen.

Franz Schubert

31. Januar

Liebenswürdigkeit,
Nachsicht und Rücksicht
sind die Schlüssel zum
Menschenherzen.

Johannes Bosco

II

Februar

01. Februar

Alle Dinge hat Gott fertig
geschaffen;
nur den Menschen schuf
er auf Hoffnung hin.

aus dem Talmud

02. Februar

Die Stunde ist kostbar.
Warte nicht auf eine spätere,
gelegenere Zeit.

Katharina von Siena

03. Februar

Betrachte immer die helle
Seite der Dinge!
Und wenn sie keine haben,
dann reibe die dunkle,
bis sie glänzt.

altes Sprichwort

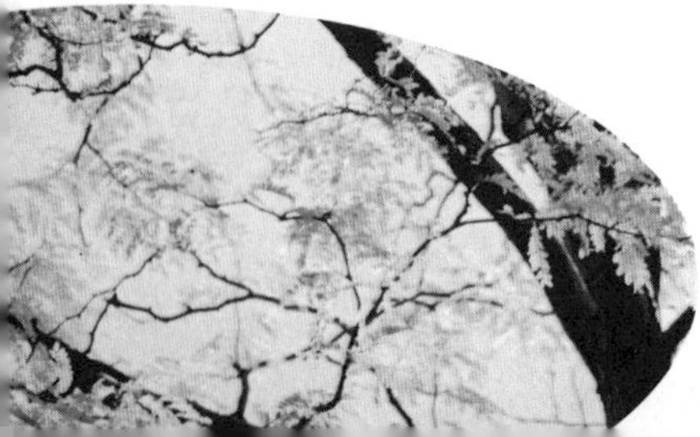

04. Februar

Der Mensch empfängt
unendlich mehr
als er gibt.
Dankbarkeit macht
das Leben erst reich.

Dietrich Bonhoeffer

05. Februar

Wer stark ist,
kann es sich erlauben,
leise zu sprechen.

Theodore Roosevelt

06. Februar

Wer gar zuviel bedenkt,
wird wenig leisten.

Friedrich Schiller

07. Februar

Hörst du Böses,
schweige still,
sags nicht nach,
es schadet viel.

um 1740

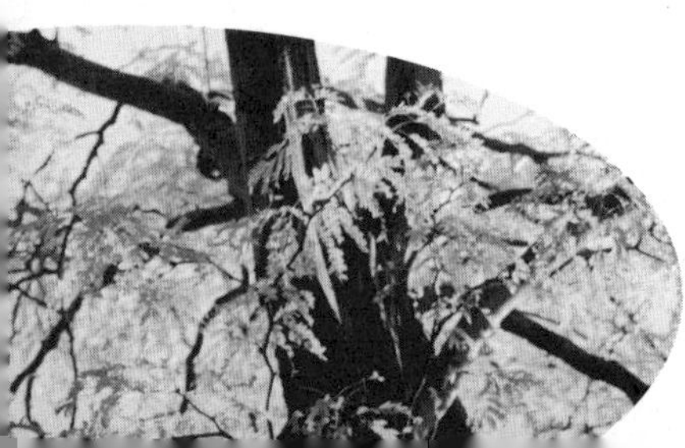

08. Februar

Die schnellste Art,
alt zu werden, ist,
neue Ideen urteilslos
von der Hand zu weisen.

09. Februar

Nichts verändert den
Menschen so sehr
wie Geld.

Maria-Theresia Radloff

10. Februar

Unternimm nie etwas,
wozu du nicht das Herz hast,
dir den Segen des Himmels
zu erbitten.

Georg Christoph Lichtenberg

11. Februar

Die verstehen sehr wenig,
die nur verstehen,
was sich erklären lässt.

Marie von Ebner-Eschenbach

12. Februar

Gott gibt den Schatten,
damit wir das Licht
besser sehen können.

13. Februar

Wie glücklich würde mancher leben, wenn er sich um anderer Leute Sachen so wenig bekümmerte als um seine eigenen!

Georg Christoph Lichtenberg

14. Februar

Die Güte des Herzens besteht
in einem tiefgefühlten,
universellen Mitleid mit
allem, was Leben heißt.

Arthur Schopenhauer

15. Februar

Gesegnet seien jene,
die nichts zu sagen haben und
trozdem den Mund halten.

Oscar Wilde

16. Februar

Ruhe ist für die Seele der
Anfang der Reinigung.

Basilius der Große

17. Februar

Vielleicht will,
was ich nicht ändern kann,
mich ändern.

Kyrilla Spiecker

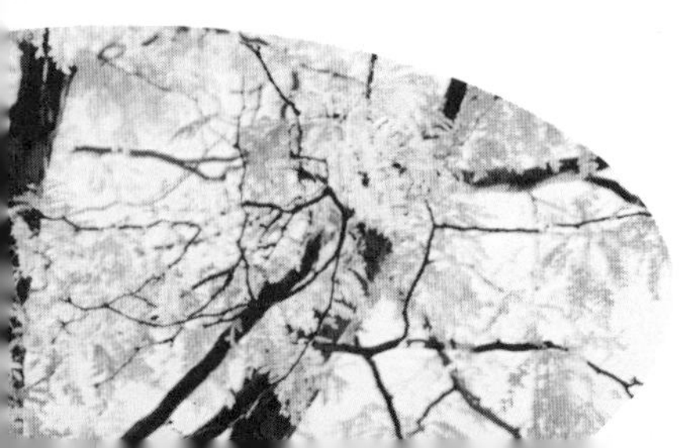

18. Februar

Was man verzehrt,
ist dahin.
Was man gibt,
bleibt.

Kurdisches Sprichwort

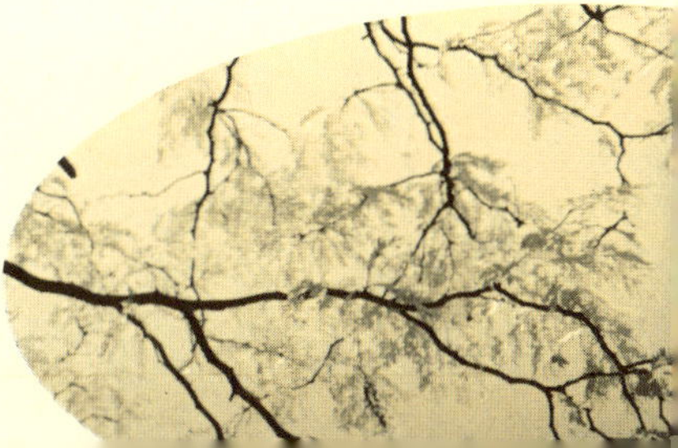

19. Februar

Der Mut wächst immer mit
dem Herzen,
und das Herz wächst mit
jeder guten Tat.

Adolf Kolping

20. Februar

Die Kunst des Ausruhens
ist ein Teil der Kunst
des Arbeitens.

John Steinbeck

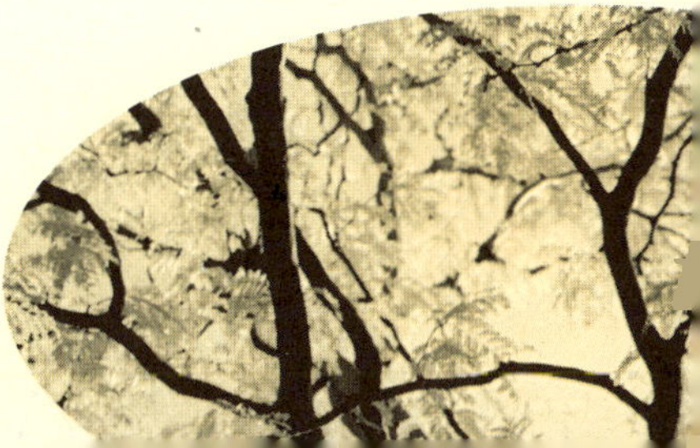

21. Februar

Freiheit bedeutet
Verantwortlichkeit.
Das ist der Grund, weshalb
die meisten Menschen sich
davor fürchten.

George Bernard Shaw

22. Februar

Nimm es hin, dass andere
anders sind, anders denken,
anders handeln,
anders empfinden,
anders sprechen.

Phil Bosmans

23. Februar

Wer dem großen Glück
nachläuft,
entläuft der Ruhe.

Jüdisches Sprichwort

24. Februar

Wir sind nicht auf der Welt,
um zu wissen,
sondern um gut zu sein.

Heinrich Stephan

25. Februar

Ich glaube,
dass Begrenzung
immer gut
und klug ist.

Theodor Fontane

26. Februar

Wo man zu gut
von dir spricht,
darfst du nicht
zu oft hingehen.

aus Irland

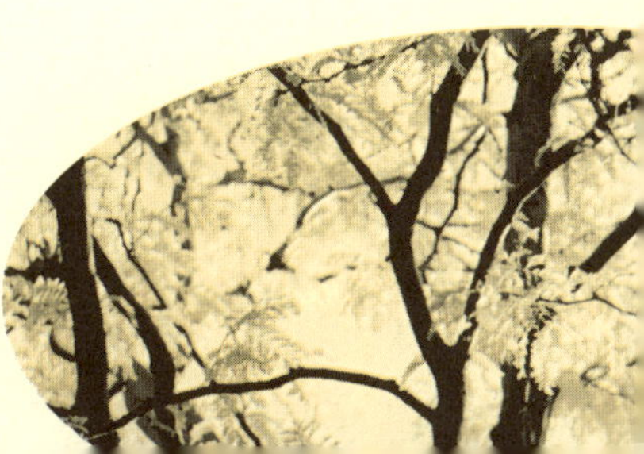

27. Februar

Die Schuld gehört
zu unserem Leben
wie das tägliche Brot.

Alfred Delp

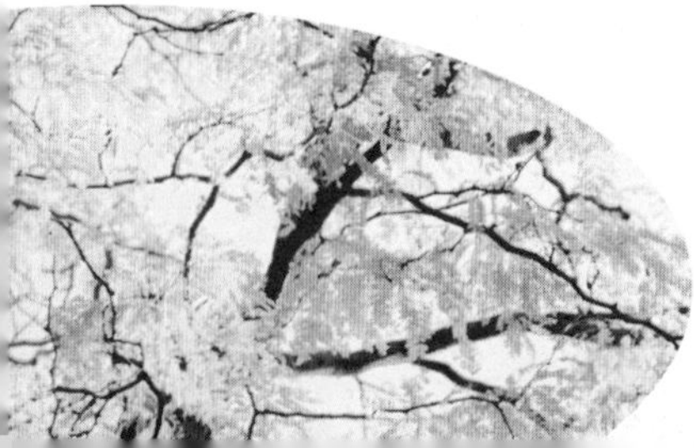

28. Februar

Faste,
wenn du
siegen willst!

Ambrosius von Mailand

29. Februar

Vergewissern wir uns jeweils gut, wenn wir die Meinung eines anderen zurückweisen, dass wir die Meinung zurückweisen und nicht die Person.

Charles Lamb

III

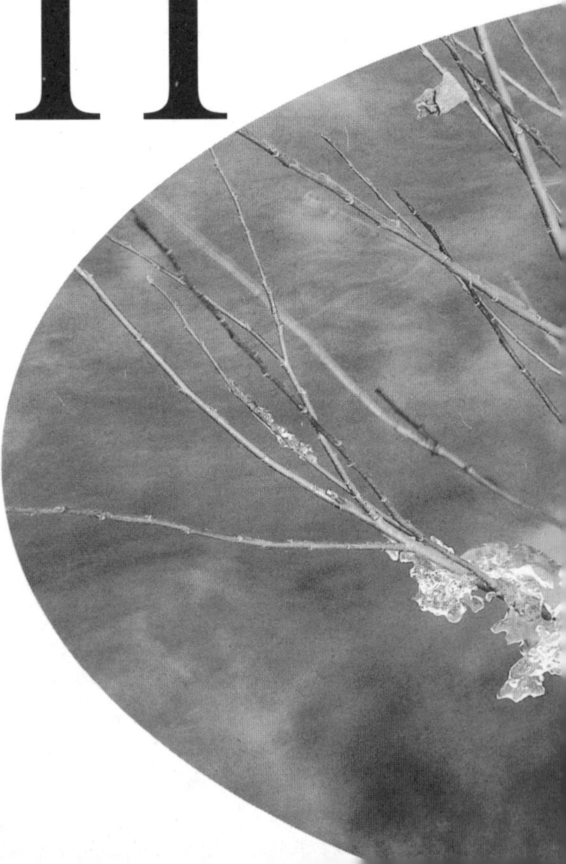

März

01. März

Fasten heißt lernen, mit den einfachen Dingen glücklich zu sein. Fasten heißt, sich freimachen von den tausend Fesseln der tausend toten Dinge. Fasten heißt, die einfachen, kleinen Freuden in Dankbarkeit zu genießen.

Phil Bosmans

02. März

Über dem ängstlichen
Gedanken, was etwa morgen
uns zustoßen könnte, verlieren
wir das Heute, die Gegenwart,
und damit die Wirklichkeit.

Hermann Hesse

03. März

Es ist nicht wenig Zeit,
die wir haben,
sondern es ist viel Zeit,
die wir nicht nützen.

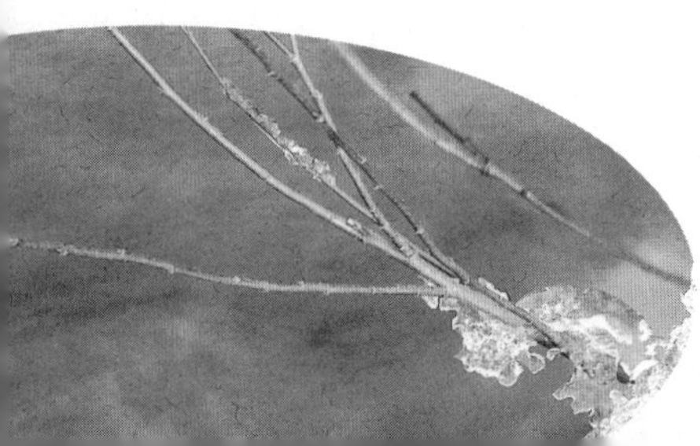

04. März

Nicht die Art der
Tätigkeit macht glücklich,
sondern die Freude des
Schaffens und Gelingens.

Carl Hilty

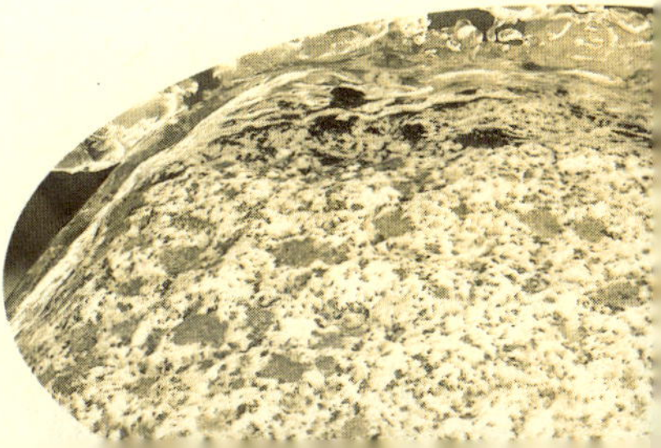

05. März

Wer im Alter
noch herzhaft lachen kann,
der hat das Leben siegreich
bezwungen.

Augustin Wibbelt

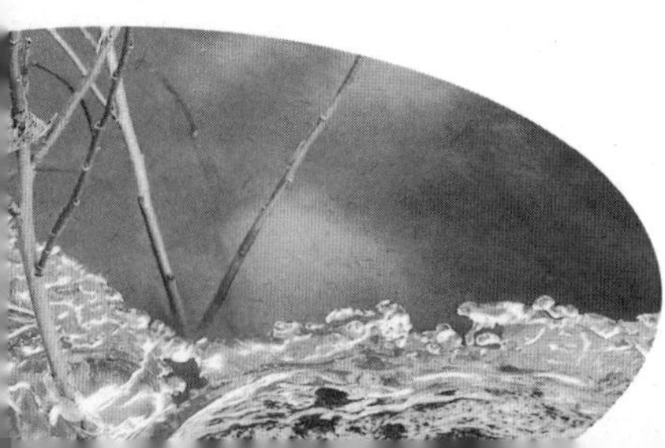

06. März

Die Seele ernährt sich
von dem,
worüber sie sich freut.

Augustinus

07. März

Worte sind wie Laub;
wo sie im Übermaß sind,
findet man selten Früchte
darunter.

Alexander Pope

08. März

Dein Schöpfer hat dir den
besten Schatz gegeben,
einen lebendigen Schatz,
deinen Verstand.

Hildegard von Bingen

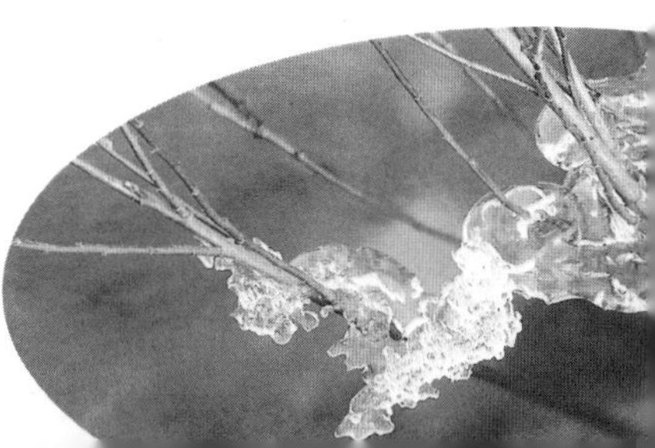

09. März

Was du mit dem Herzen
denkst,
holt der Verstand
nicht ein.

Blaise Pascal

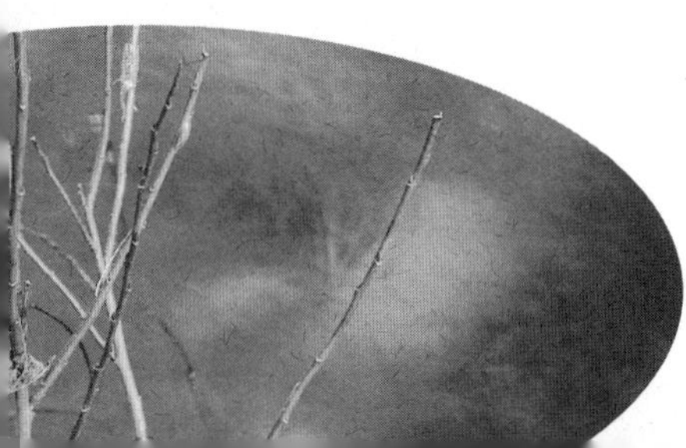

10. März

Freude ist Kraft.
Wer tief froh ist,
kann viel leichter
gut sein.

Werner de Boor

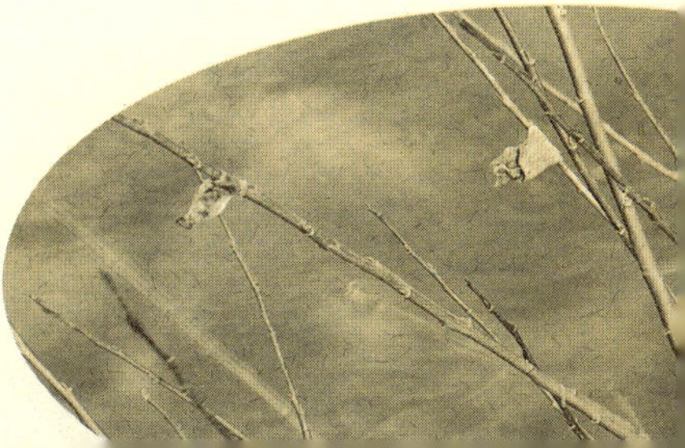

11. März

Wer die Gegenwart
unzufrieden verachtet,
dem kommen selten Tage
des Friedens.

Jeremias Gotthelf

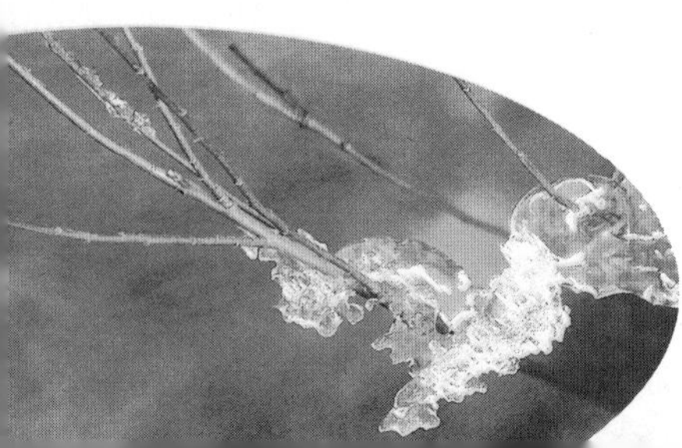

12. März

Alle Menschen sind klug,
die einen vorher,
die anderen nachher.

Fernöstliche Weisheit

13. März

Verschiebe nur dann etwas
auf morgen,
wenn es dir nichts ausmacht,
darüber zu sterben.

Pablo Picasso

14. März

Wer wird sich dazu
versteigen, über himmlische
Dinge zu urteilen,
wo ihm die irdischen noch
rätselhaft sind?

Hieronymus

15. März

Es ist nicht genug zu wissen,
man muss auch anwenden;
es ist nicht genug zu wollen,
man muss auch tun.

Johann Wolfgang von Goethe

16. März

Ein leeres Herz
ist viel ärmer
als eine leere Hand.

Curt Goetz

17. März

Ich halte noch immer
fest an dem Glauben
an die innerliche Güte
des Menschen.

Anne Frank

18. März

Aus der Vergebung zu leben bedeutet auch, sie stets neu zu erbitten. Sie ist nicht selbstverständlich; darf es auch für unser Gefühl nicht werden.

Romano Guardini

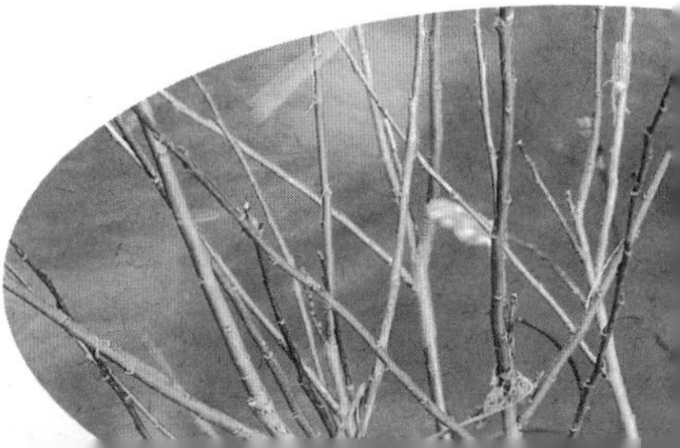

19. März

Wer keine Zeit
hat für andere,
ist ärmer als ein Bettler.

aus Nepal

20. März

Man spürt selten,
was Glück ist;
aber man weiß meistens,
was Glück war.

François Rosay

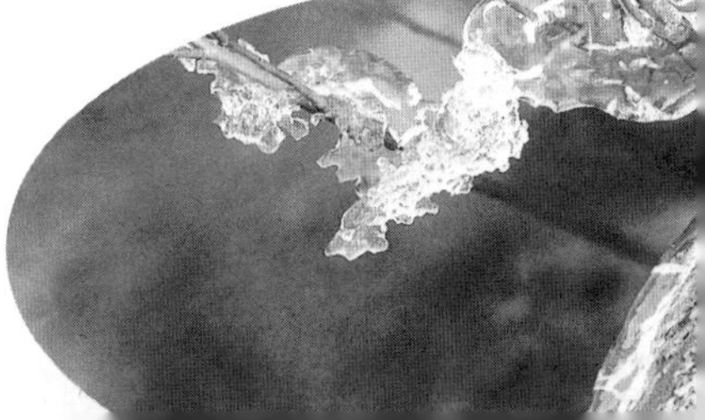

21. März

Gib mir, o Herr,
ein kindliches Herz zum
Glauben;
ein mütterliches zum Lieben;
ein männliches zum Handeln.

Johann Michael Sailer

22. März

Das Einzige, was sich weder
Mehrheitsbeschluss noch
Gewalt beugen darf,
ist das menschliche
Gewissen.

Harper Lee

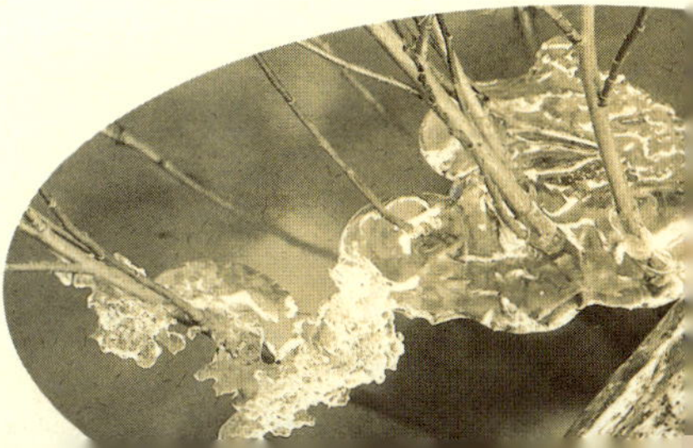

23. März

Bedenke,
dass du fast überall
in der Welt
Ausländer bist.

24. März

Bist du einsam,
so besuche einen,
der noch einsamer
ist als du.

Sprichwort

25. März

Nehmen füllt die Hände,
Geben füllt das Herz.

M. Seemann

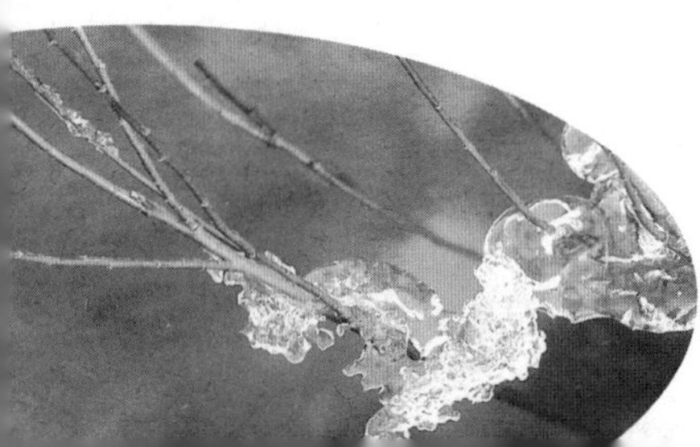

26. März

Am reichsten sind die
Menschen,
die auf das meiste
verzichten können.

Rabindranath Tagore

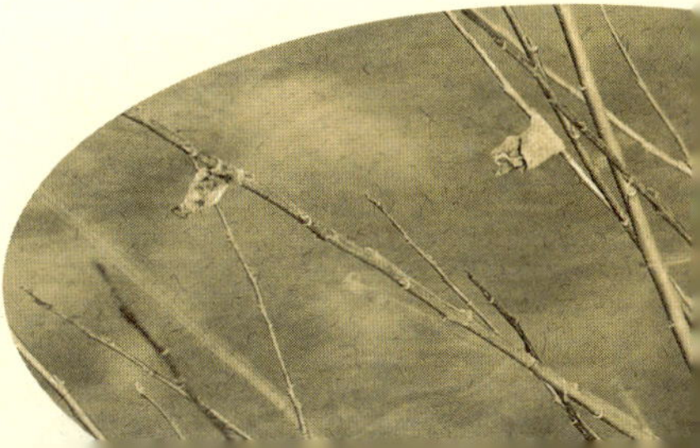

27. März

Man muss nicht unbedingt das Licht des anderen ausblasen, um das eigene leuchten zu lassen.

Sprichwort

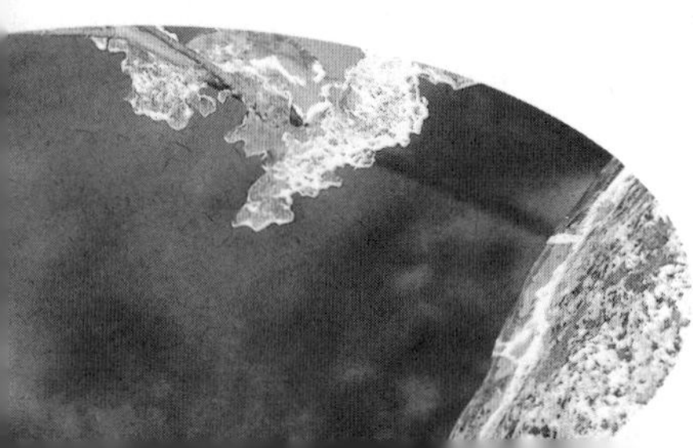

28. März

Jedes Unangenehme
hat auch sein Gutes.

Fjodor M. Dostojewski

29. März

Niemand besitzt
die wahre Freude,
wenn er nicht
in der Liebe ist.

Thomas von Aquin

30. März

Das Beste liegt nie
hinter uns,
sondern vor uns.

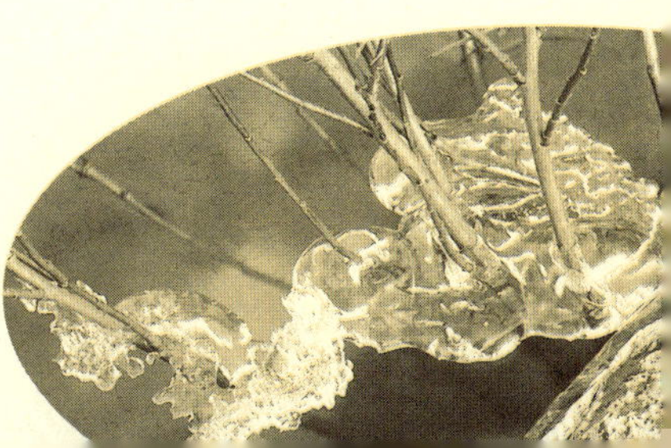

31. März

Man redet häufig nur,
weil man nicht
zu schweigen versteht.

Ambrosius von Mailand

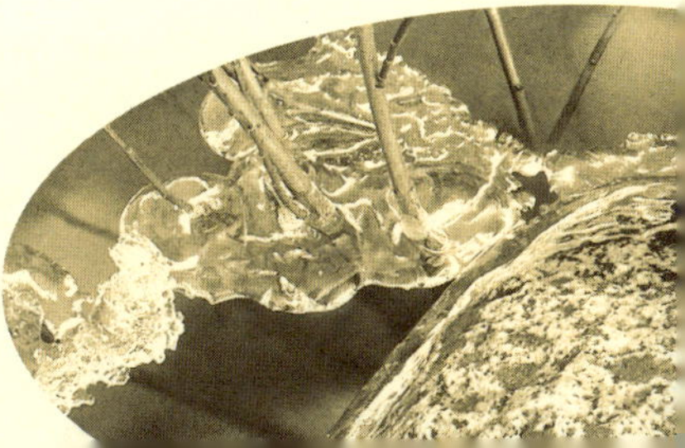

IV

April

01. April

Die Augen sind
die Fenster
der Seele.

Hildegard von Bingen

02. April

Tränen reinigen
das Herz.

Fjodor M. Dostojewski

03. April

Seine Grundsätze soll man für die wenigen Augenblicke in seinem Leben aufsparen, in denen es auf Grundsätze ankommt. Für das meiste genügt ein wenig Barmherzigkeit.

Albert Camus

04. April

Du kannst nicht
durch Geschwindigkeit
wettmachen,
was dir an
Richtung fehlt.

05. April

Das Leben der Menschen
erfüllt sich durch viele
Tode hindurch.

Basilius der Große

06. April

Wer Mut zeigt,
macht Mut.

Adolf Kolping

07. April

Hat man sich mit jemandem entzweit, soll man vor Sonnenuntergang wieder Frieden schließen.

Benedikt von Nursia

08. April

Das Ärgernis täuscht die
Sinne, verwirrt den Geist,
trübt die Reinheit der
Erkenntnis.

Petrus Chrysologus

09. April

Es ist die Tiefe,
aus der ein Wort
kommen muß,
wenn es wiegen soll.

Dietrich Bonhoeffer

10. April

Es ist sinnlos,
am Morgen zu beten
und den ganzen Tag über
herzlos zu sein.

Alexis Carrel

11. April

Kleider machen Leute,
aber das Herz macht
den Menschen.

Spruchweisheit

12. April

Du sagst:
Jedes Ding hat zwei Seiten.
Warum siehst du
immer nur die eine?
Die schwarze.

altes Sprichwort

13. April

Niemand ist so arm,
dass er nicht etwas zu geben
hätte, und niemand ist so
reich, dass er nichts
zu empfangen brauchte.

Dom Hélder Câmara

14. April

Wer einmal warm gebettet
ist, vergisst gern, wie es
Leuten zumute ist, denen es
am Notwendigsten fehlt.

Adolf Kolping

15. April

Etwas Schönes dazulernen
macht Spaß.
Etwas Schlechtes verlernen
macht Mühe.

Phil Bosmans

16. April

Wir dürfen nicht annehmen,
dass alle Dinge unseretwegen
geschaffen worden sind.

René Descartes

17. April

Für unsere eigene Geschichte
sind wir alle zuständig.

Walter Dirks

18. April

Wer Gott einmal suchen will,
der findet ihn überall.

Novalis

19. April

Wir sind verantwortlich
für das, was wir tun,
aber auch für das, was
wir nicht tun.

Voltaire

20. April

Wenn wir wüssten,
wie kurz das Leben ist,
wir würden uns gegenseitig
mehr Freude machen.

Ricarda Huch

21. April

Es ist nicht der Verstand,
auf den es ankommt,
sondern das was ihn leitet:
Herz und Charakter.

Fjodor M. Dostojewski

22. April

Wer ungetrübt und
heiter sein will,
der muss eines besitzen:
das ist die innere Freiheit.

Meister Eckehart

23. April

Mancher rennt dem Glück
nach und weiß nicht,
dass er es zu Hause hat.

Adolf Kolping

24. April

Ein freundliches Wort
kostet nichts und
ist doch ein schönes
Geschenk.

Daphne du Maurier

25. April

Die Liebe allein versteht
das Geheimnis,
andere zu beschenken
und dabei selbst
reich zu werden.

Clemens Brentano

26. April

Man darf das Schiff nicht an
einen einzigen Anker und
das Leben nicht an
eine einzige Hoffnung
binden.

Epiktet

27. April

Du verlierst nichts,
wenn du mit deiner Kerze
die eines anderen anzündest.

aus Dänemark

28. April

Ich brauche keinen Freund, der sich jedesmal mit mir verändert und mein Kopfnicken erwidert, denn das tut mein Schatten weit besser.

Plutarch

29. April

Nicht das Beginnen
wird belohnt,
sondern einzig und allein
das Durchhalten.

Katharina von Siena

30. April

Ein Baum ohne Krone
wird nicht vom Winde
geschüttelt.

Weisheit aus Togo

V

Mai

01. Mai

Das Beste steht nicht immer in den Büchern, sondern in der Natur; nur haben die meisten Menschen nicht die Augen, es zu sehen.

02. Mai

Man muss sein Leben aus
dem Holz schnitzen,
das einem Gott
in die Hände gab.

Theodor Storm

03. Mai

Das Herz muss Hände haben,
die Hände ein Herz.

Tibetanisches Sprichwort

04. Mai

Ein Blick in die Ver-
gangenheit hat nur Sinn,
wenn er der Zukunft dient.

Konrad Adenauer

05. Mai

Das Wort Verzeihung ist die beste Münze im Haus.

Chinesisches Sprichwort

06. Mai

Gefährlich ist es,
wenn wir mit uns selbst
zufrieden sind.

Theresa von Ávila

07. Mai

Ich lerne es täglich,
lerne es unter Schmerzen,
denen ich dankbar bin:
Geduld ist alles!

Rainer Maria Rilke

08. Mai

Alles, was sonst getrennt
auftritt, ist im Glauben
verschmolzen:
Erkenntnis, Liebe, Tat.

Edith Stein

09. Mai

Das Leben verspricht
dem einzelnen mehr
als es halten kann.

Hans Urs von Balthasar

10. Mai

Nicht nur gute Worte soll
man für den Nächsten haben,
sondern mehr:
Das Herz soll ihm gut sein.

Franz von Sales

11. Mai

Man soll die Leute froh
machen!
Es macht mich glücklich,
die Leute glücklich zu sehen.

Louis Amstrong

Mit Adleraugen sehen wir
die Fehler anderer,
mit Maulwurfsaugen
unsere eigenen.

Franz von Sales

13. Mai

Die sicherste Art,
arm zu werden, ist,
reich scheinen zu wollen.

Die gefährlichsten
Herzkrankheiten
sind noch immer
Hass, Neid und Geiz.

Pearl S. Buck

15. Mai

Erst muss,
bevor die Welt
sich ändern kann,
der Mensch sich ändern.

Bertolt Brecht

16. Mai

Indem man, was man
zu tun hat, aufschiebt,
läuft man Gefahr,
es nie tun zu können.

Charles Baudelaire

17. Mai

Der Mensch ist für die
Freude
und die Freude
ist für den Menschen.

Franz von Sales

18. Mai

Die Liebe weint mit den
Weinenden, freut sich mit
den Frohen, ist glücklicher
über des anderen Wohl als
über das eigene.

Katharina von Siena

19. Mai

Die erste Morgenstunde ist
das Steuerruder des Tages.

Augustinus

20. Mai

Für den, der glaubt,
fangen alle Dinge an
zu leuchten.

Pierre Teilhard de Chardin

21. Mai

Im Unglück sieht man
die Wahrheit klarer.

Fjodor M. Dostojewski

22. Mai

Die Pferde der Hoffnung
galoppieren,
doch die Esel der Erfahrung
gehen im Schritt.

aus China

23. Mai

Der dich gemacht hat,
weiß auch, was er mit
dir machen will.

Augustinus

24. Mai

Jeder Mensch kann irren.
Im Irrtum beharren jedoch
wird nur der Tor.

Cicero

25. Mai

Die Tugenden,
die uns in der Zeit und
der Ewigkeit glücklich
machen,
sind Demut und Liebe.

Johannes Bosco

26. Mai

Der Mensch ist nicht zum
Vergnügen, sondern zur
Freude geboren.

Paul Claudel

27. Mai

Nicht die Gewalt,
sondern die Liebe
vermag alles.

Papst Johannes Paul I.

28. Mai

Gott weiß,
dass ich da bin.
Und das genügt mir.

Papst Johannes XXIII.

29. Mai

Man muss wenigstens soviel Zeit aufwenden, Gott für seine Wohltaten zu danken, als man gebraucht hat, ihn darum zu bitten.

Vinzenz von Paul

30. Mai

Humor ist das Salz der Erde,
und wer gut durchsalzen ist,
bleibt lange frisch.

Karel Čapek

31. Mai

Die Tür zum Guten geht schwer auf.

VI

Juni

01. Juni

Humor ist unser Freund
in allen Lebenslagen.
Man kann zum Beispiel mit
Humor die Wahrheit sagen,
so dass sie uns bekommt und
halb so bitter schmeckt.

Fred Endrikat

02. Juni

Es gibt nur ein Mittel, sich
wohl zu fühlen: Man muss
lernen, mit dem Gegebenen
zufrieden zu sein, und nicht
immer das verlangen, was
gerade fehlt.

Theodor Fontane

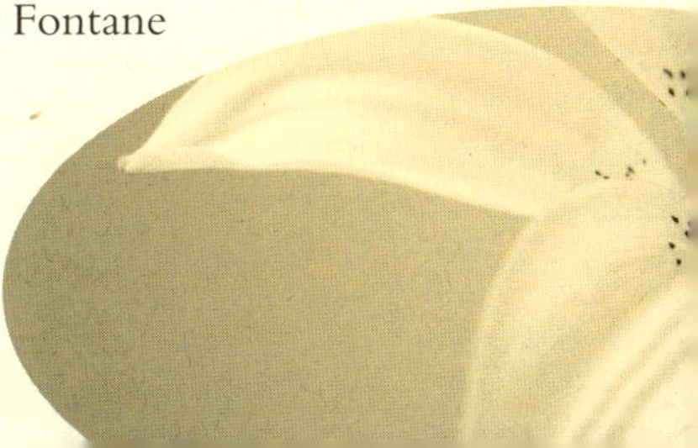

03. Juni

Luft und Licht heilen und
Ruhe heilt,
aber den besten Balsam
spendet doch ein
gütiges Herz.

Theodor Fontane

04. Juni

Ein Mensch,
der einen Irrtum zugibt,
zeigt, dass er heute
klüger ist als gestern.

05. Juni

Erfüllte Wünsche,
sie schmeicheln den Sinnen.
Erfüllte Pflichten
befreien das Herz.

Carl Peter Fröhling

06. Juni

Ein Mensch, der sich für unfehlbar hält, ist ein unmenschlicher Mensch.

07. Juni

Du kannst dein Leben nicht
verlängern noch verbreitern;
du kannst es nur vertiefen.

G.F.

08. Juni

Nur ein für andere
gelebtes Leben
ist lebenswert.

Albert Einstein

09. Juni

Ein Mensch lebt keine
hundert Jahre,
aber er macht sich
Sorgen für tausend.

Aus China

10. Juni

Wer zweifelt,
der verliert.

Franz Grillparzer

11. Juni

Frieden ist nie
allein Sache der anderen,
sondern immer auch
ein Stück Arbeit
an dir selbst.

Adalbert Ludwig Balling

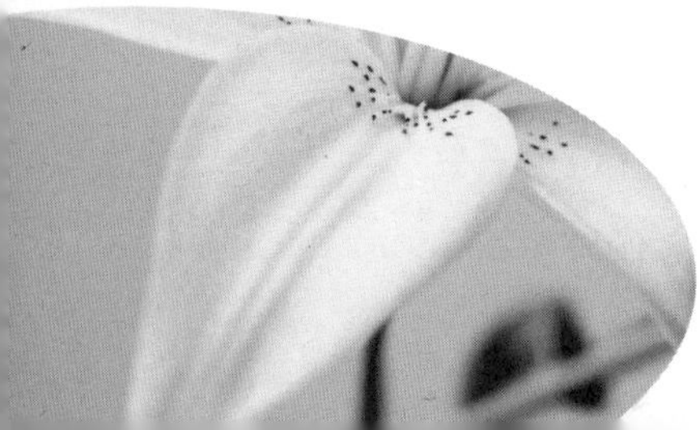

12. Juni

Wir können nicht wieder wie
die Kinder werden, aber wir
können wohl danach
trachten, dass die Kinder
nicht so werden wie wir.

Erich Kästner

13. Juni

Der hört nie auf zu beten,
der nie aufhört,
anderen gut zu sein.

Antonius von Padua

14. Juni

Sei gerecht, ehe du
großmütig bist.

Elisabeth Fry

15. Juni

Das Altern ist wie die Woge
im Meer.
Wer sich von ihr tragen lässt,
treibt obenauf.
Wer sich dagegen aufbäumt,
geht unter.

Gertrud von le Fort

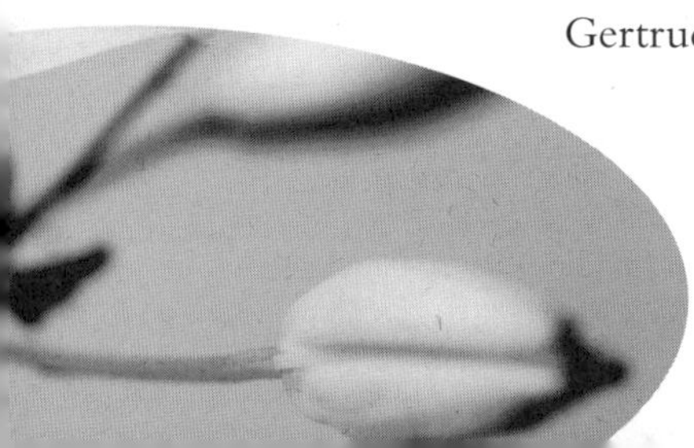

16. Juni

Man sollte die Wahrheit
dem andern wie einen
Mantel hinhalten, dass er
hineinschlüpfen kann,
und nicht wie ein nasses
Tuch um den Kopf schlagen.

Max Frisch

17. Juni

Erfahrungen bezahlt man teuer, obwohl man sie gebraucht billiger haben könnte.

aus Amerika

18. Juni

Hoffnung ist eine
Oase im Herzen,
die von der Karawane
des Denkens nie
erreicht wird.

Kahlil Gibran

19. Juni

Jeder könnte die Welt
verbessern,
wenn er bei sich anfangen
wollte.

Karl Heinrich Waggerl

20. Juni

Wer sich nach anderen
richtet, zersplittert und
zerstreut seine Kräfte und
verwischt seinen Charakter.

R. W. Emers

21. Juni

Es gehört oft mehr Mut dazu
seine Meinung zu ändern,
als ihr treu zu bleiben.

Friedrich Hebbel

22. Juni

Sich mit der Schlechtigkeit
anderer zu trösten:
das ist wirklich
ein schlechter Trost.

Alfred Kumpf

23. Juni

Die schönste Freude erlebt
man immer da,
wo man sie am wenigsten
erwartet.

Antoine de Saint-Exupéry

24. Juni

So mancher meint,
ein gutes Herz zu haben,
und hat nur schwache
Nerven.

Marie von Ebner-Eschenbach

25. Juni

In jeder Minute,
die du im Ärger verbringst,
versäumst du 60 glückliche
Sekunden deines Lebens.

Albert Schweitzer

26. Juni

Klug ist, wer stets zur
rechten Stunde kommt,
doch klüger,
wer zu gehen weiß,
wann es frommt.

Emanuel Geibel

27. Juni

Herr, schenke mir eine Seele, der die Langeweile fremd ist, die kein Murren kennt, kein Seufzen und Klagen, und lasse nicht zu, dass ich mir viele Sorgen mache, um dieses Etwas, das sich so breit macht und sich „Ich“ nennt.

Thomas Morus

28. Juni

An jedem beliebigen Morgen
kann sich alles ändern.
Man darf nur den Zorn,
den Groll und die Eifersucht
vom Vortag nicht wieder in
sich aufwachen lassen.

Gilbert Cesbron

29. Juni

Der große Einsatz ist viel
einfacher als der alltägliche –
aber er verschließt so leicht
unser Herz für diesen.

D. H.

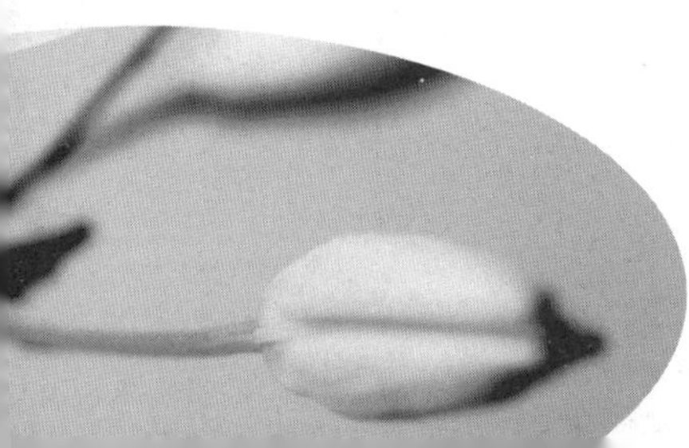

30. Juni

Wer im Leben
nur rechnet,
kommt nie
auf seine Rechnung

Albrecht Goes

VII

Juli

01. Juli

Wer Fehler finden will,
der findet sie überall.

nach Henry David Thoreau

02. Juli

Nichts kann den Menschen
mehr stärken
als das Vertrauen,
das man ihm entgegenbringt.

Adolf von Harnack

03. Juli

Der Hastige überspringt
seine Gelegenheit.

aus Albanien

04. Juli

Fange nie an aufzuhören,
höre nie auf anzufangen.

05. Juli

Ob wir Großes oder Kleines tun, ist nicht so wichtig. Entscheidend ist, dass wir das uns jetzt Mögliche tun.

B. H.

Der größte Feind des Rechts
ist das Vorrecht.

Marie von Ebner-Eschenbach

07. Juli

Man ist nicht unbedingt
fortschrittlich,
wenn man alles wegwirft,
nur, weil es alt ist.

Alfred Kumpf

08. Juli

Auch aus den Steinen,
die in den Weg gelegt
werden, kann man
Schönes bauen.

Johann Wolfgang von Goethe

09. Juli

Was der Zeit unterworfen ist,
das gebrauche,
was ewig ist,
danach strebe.

Thomas von Kempen

10. Juli

Ich habe immer gefunden,
die sogenannten schlechten
Leute gewinnen, wenn man
sie genauer kennenlernt,
und die guten verlieren.

Immanuel Kant

11. Juli

Es ist gut, wenn uns die
verrinnende Zeit nicht als
etwas erscheint, das uns
verbraucht, sondern
als etwas, das uns vollendet.

Antoine de Saint Exupéry

12. Juli

Viel Kälte ist unter den
Menschen,
weil wir nicht wagen,
uns so herzlich zu geben
wie wir sind.

Albert Schweitzer

13. Juli

Es lohnt sich schon,
etwas Schweres auf sich
zu nehmen, wenn man
es einem Menschen
damit leichter macht.

Stefan Zweig

14. Juli

Gewohnheiten beginnen
als Spinnenfäden und
enden als Drahtseile.

15. Juli

Sei klüger als andere,
wenn du kannst –
aber sage es ihnen nicht.

Gilbert Keith Chesterton

16. Juli

Das Gewissen ist eine Uhr,
die immer geht;
nur wir gehen
manchmal falsch.

Erich Kästner

17. Juli

Freundlichkeit ist eine
Sprache,
die Taube hören und
Blinde lesen können.

Mark Twain

18. Juli

Die Liebe schenkt
immer das Leben,
der Egoismus bringt
immer den Tod.

Michel Quoist

19. Juli

Fremde Erfahrungen ritzen die Haut, eigene Erfahrungen schneiden ins Fleisch.

Kroatisches Sprichwort

20. Juli

Es gibt immer ein
Stückchen Welt,
das man bessern kann –
sich selbst.

Gabriel Marcel

21. Juli

Lang ist der Weg
durch Lehren,
kurz und wirksam
durch Beispiele.

Seneca

22. Juli

Gib –
ohne dich zu erinnern;
nimm –
ohne zu vergessen.

23. Juli

Ein ganzer Irrtum kann glücklich machen, eine halbe Wahrheit nie.

Alfred Hein

Liebende leben
von der Vergebung.

Manfred Hausmann

25. Juli

Durch das Vergrößerungsglas
betrachtet man die Vorzüge
derer, die man liebt,
und die Fehler derer,
die man nicht liebt.

Johann Gottfried Herder

Die Weisen sagen:
beurteile niemand,
bis du an seiner Stelle
gestanden bist.

Johann Wolfgang von Goethe

27. Juli

Freund, die Tage werden gewogen, nicht gezählt.

Wilhelm Hauff

28. Juli

Halte den Mund mehr geschlossen als die Augen.

Chinesische Weisheit

29. Juli

Man ist jung,
solange man sich für das
Schöne begeistern kann und
nicht zulässt, dass es vom
Nützlichen erdrückt wird.

Jean Paul

30. Juli

Dass du nicht kannst,
sei dir verziehen,
doch nimmermehr,
dass du nicht willst.

Henrik Ibsen

31. Juli

Bewahre in allen Dingen die Freiheit des Geistes, und sieh zu, wohin er dich führt.

Ignatius von Loyola

VIII

August

01. August

Die Rücksicht auf das Recht des anderen – das ist Friede.

Benito Juarez

02. August

Auf dem Weg durchs Leben
kann man den Wind nicht
immer im Rücken haben.

Sprichwort

03. August

Was man nicht annimmt,
kann man nicht ändern.

04. August

Hundert kleine Freuden
sind tausendmal mehr wert
als eine große.

Johannes Kepler

05. August

Viele Menschen sind
deshalb heimatlos,
weil sie in sich selbst
nicht zu Hause sind.

Annemarie Knorpp

06. August

Wo die Eitelkeit anfängt,
hört der Verstand auf.

Marie von Ebner-Eschenbach

07. August

Wenn du nichts Gutes
über einen anderen
zu sagen weißt,
sage überhaupt nichts.

Philippinische Weisheit

08. August

Dankbare Menschen sind
wie fruchtbare Felder:
Sie geben das Empfangene
zehnfach zurück.

August von Kotzebue

09. August

Schiffe stranden an Felsen,
menschliche Beziehungen oft
schon an Kieselsteinen.

Edith Stein

Kein Tag ist so lang,
dass nicht doch der
Abend kommt.

11. August

Die Erfahrung lehrt uns,
dass die Liebe nicht darin
besteht, dass man einander
in die Augen sieht, sondern
dass man gemeinsam in
gleicher Richtung blickt.

Antoine de Saint Exupéry

12. August

Stört dich der Fehler eines
anderen, so übe an dir selbst
das entgegengesetzte Gute.
Dein Beispiel wirkt
mehr als Worte.

Theresia von Jesus (Ávila)

13. August

Wer nicht mehr genießt,
wird ungenießbar.

Anton Kner

14. August

Verzeihen ist
die schwerste Liebe.

Albert Schweitzer

15. August

Feigheit ist fehlender
Mut vor sich selbst.

Erich Klein

16. August

Der Mensch ist nie so schön,
als wenn er um Verzeihung
bittet oder selbst verzeiht.

Jean Paul

17. August

Lass die Liebe in deinem
Herzen wurzeln,
und es kann nur Gutes
daraus hervorgehen.

Augustinus

18. August

Ruhe zieht das Leben an,
Unruhe verscheucht es.

Gottfried Keller

19. August

Die Wahrheit hat nichts zu
tun mit der Anzahl der Leute,
die von ihr überzeugt sind.

Paul Claudel

20. August

Ein von Zorn getrübtes
Auge sieht nicht mehr,
was recht oder unrecht ist.

Bernhard von Clairvaux

21. August

Wenn du immer rennst,
wirst du niemandem mehr
begegnen.
Und was noch bedeutungs-
voller ist, du wirst dir selbst
nicht mehr begegnen.

Michel Quoist

22. August

Klug ist, wer nur die Hälfte
von dem glaubt, was er hört.
Noch klüger ist, wer erkennt,
welche Hälfte die richtige ist.

23. August

Wer vom Ziel nicht weiß,
kann den Weg nicht haben.

Christian Morgenstern

24. August

Um zur Quelle
zu gelangen,
muss man gegen den
Strom schwimmen.

Stanislaw Jerzy Lec

25. August

Herr, schick mir
die strengen Freunde,
die mich nach falschen
Tönen abklopfen!

Kurtmartin Magiera

26. August

Gehe den Weg, den Gott dir
gezeichnet hat, sei er
verschlungen oder gerade;
aber verlass ihn nicht,
wie er auch sei,
denn es ist dein Weg.

Guy de Larigaudie

27. August

Was nützt es dir,
keinen Mitwisser zu haben,
da du ein Gewissen hast?

Seneca

28. August

Sobald du sagst:
Ich habe genug geleistet –
bist du verloren.

Augustinus

29. August

Wenn wir nicht
in Liebe glühen,
werden andere um uns
herum an Kälte sterben.

François Mauriac

30. August

Man findet sein eigenes
Leben viel schöner,
wenn man aufhört,
es mit dem Leben von
nebenan zu vergleichen.

31. August

Gutmütigkeit hat ihre
Grenzen;
das unterscheidet sie
von der Güte.

Karl Heinrich Waggerl

IX

September

01. September

Durch nichts bezeichnen die Menschen mehr ihren Charakter als durch das, was sie lächerlich finden.

Johann Wolfgang von Goethe

02. September

Nichts kann einen so
zum Nachfolger Christi
machen wie die Sorge
um den Nächsten.

Johannes Chrysostomus

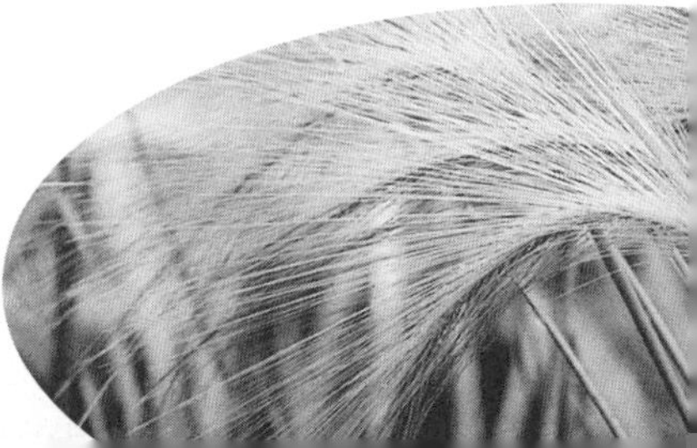

03. September

Geduld ist die Wurzel und
Hüterin aller Tugenden.

Gregor der Große

04. September

Nur die Sache ist verloren,
die man aufgibt.

Gotthold Ephraim Lessing

05. September

Man liebt den
anderen nicht,
wenn man nichts
von ihm annimmt.

Afrikanische Weisheit

06. September

Kleine Taten,
die man ausführt,
sind besser als große,
die man plant.

George Marshall

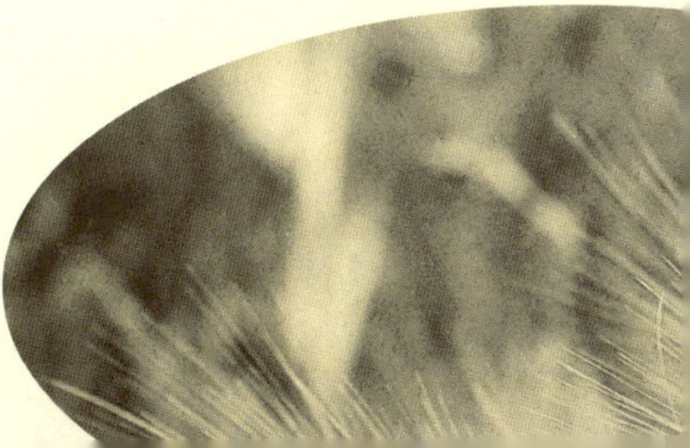

07. September

Ein friedvoller Mensch
wendet alles zum Guten.

Thomas von Kempen

08. September

Zufriedenheit übertrifft
Reichtum.

Jean-Baptist Moliére

09. September

Sei am Tag mit Lust
bei den Geschäften,
aber mache nur solche,
dass du nachts ruhig
schlafen kannst.

Thomas Mann

10. September

Mit der Lüge kommt man
durch die ganze Welt,
aber nicht mehr zurück.

Polnisches Sprichwort

11. September

Wirklich gute Freunde
sind Menschen,
die sich ganz gut
kennen und trotzdem
zueinander halten.

Marie von Ebner-Eschenbach

12. September

Leben heißt:
geben und nehmen –
oft nehmen wir zuviel.

Phil Bosmans

13. September

Wir sollten durch
unser Leben die Erde
zum Himmel machen.

Johannes Chrysostomus

14. September

Gelassenheit gewinnt
man nur in der
Besinnung auf das
Wesentliche.

Georg Moser

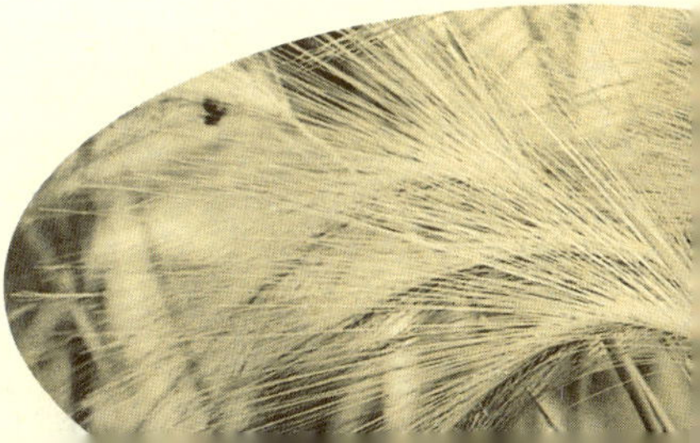

15. September

Die ihrer Alltagsarbeit
froh werden,
sind weitaus glücklicher
als die Freizeitfanatiker.

Hans Bernhard Mayer

16. September

Nichts auf der Welt
ist so weit wie
der Weg vom guten
Vorsatz zur Tat.

aus Norwegen

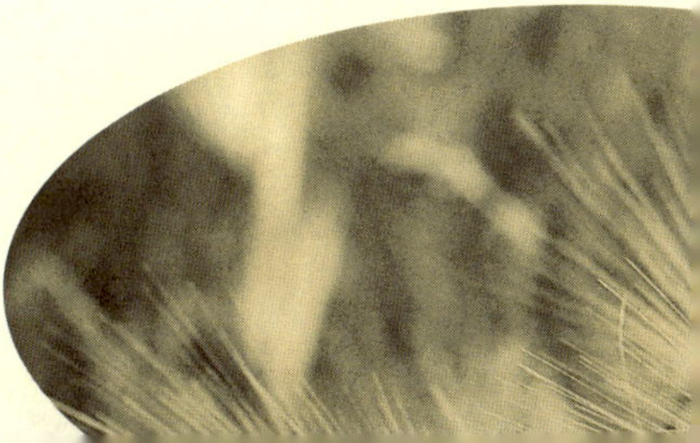

17. September

Jeder Tag ist ein kleines
Leben, das heißt:
ein zu bewältigendes
Angebot und nicht
ein Berg, den wir
nicht übersteigen können.

Liselotte Nold

18. September

Wenn der Weg unendlich
scheint und plötzlich nichts
mehr gehen will,
wie du wünschest –
gerade dann
darfst du nicht zaudern.

Dag Hammarskjöld

19. September

Schenk dir selbst täglich
eine halbe Stunde Stille,
damit du in deinem Körper
deine Seele wieder entdeckst.

20. September

Wer die Menschen
gewinnen will,
muss sein Herz
zum Pfand geben.

Adolf Kolping

21. September

Pflege das Leben,
wo du es triffst.

Hildegard von Bingen

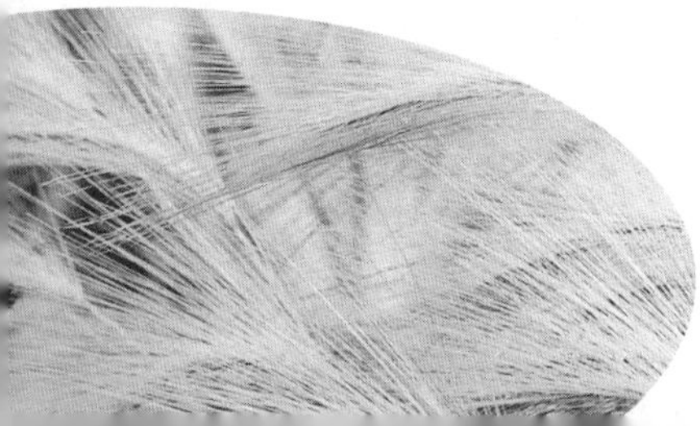

22. September

Vom Schweigen schmerzt
die Zunge nicht.

Russisches Sprichwort

23. September

Ich kenne keinen sicheren
Weg zum Erfolg,
nur einen zum sicheren
Misserfolg – es jedem recht
machen zu wollen.

Plato

24. September

Der das Böse tut,
ist unglücklicher in
seiner Seele
als der, der
das Böse erleidet.

Stefan Zweig

25. September

Die Arbeit sei dir
weder dein Gott
noch deine Hölle,
sie sei dir der Weg
zu Gott.

P. Pesch

26. September

Wenn einer glaubt
etwas zu sein,
hört er auf
etwas zu werden.

aus Bangla Desh

27. September

Humor ist der
Schwimmgürtel
auf dem Strome
des Lebens.

Wilhelm Raabe

28. September

Ein kleines Lächeln ist besser
als eine große Ansprache.

Papst Johannes Paul I.

29. September

Der eigentliche Sinn
des Reichtums ist,
freigebig davon
zu spenden.

Blaise Pascal

30. September

Wenn einer redet,
so müssen seine
Reden besser sein
als sein Schweigen.

ein Beduinenspruch

X

Oktober

01. Oktober

Glaube mir,
es kommt im Leben
auf Kleinigkeiten an.

Johann Heinrich Pestalozzi

02. Oktober

Nicht vom Geben,
sondern vom Behalten
werden wir krank.

Antoine de Saint-Exupéry

03. Oktober

Das Alter verklärt
oder versteinert.

Marie von Ebner-Eschenbach

04. Oktober

Ein Sonnenstrahl reicht hin,
viel Dunkel zu erhellen.

Franz von Assisi

05. Oktober

Als einen glücklichen Tag
sollen wir den betrachten,
an dem wir etwas Böses
verhindert oder etwas
Gutes getan haben.

Vinzenz von Paul

06. Oktober

Ich habe erkannt,
dass es wichtig ist,
sich selbst zu lieben.
Nur wer sich selbst liebt,
kann Freude weitergeben
und wahre Freunde
gewinnen.

Gabriele Riedel

07. Oktober

Wenn Gott den Menschen
misst, legt er das Messband
nicht um den Kopf,
sondern um das Herz.

Irisches Sprichwort

08. Oktober

Mutlosigkeit ist immer
Beweis eines zu großen
Vertrauens auf sich und
eines zu kleinen
Vertrauens auf Gott.

Michel Quoist

09. Oktober

Die wirklich tätigen
Leute erkennt
man daran,
dass sie Zeit haben.

Jules Romains

10. Oktober

Überlege einmal, bevor du gibst, zweimal, bevor du annimmst, und tausendmal, bevor du verlangst.

Marie von Ebner-Eschenbach

11. Oktober

Wer andere besucht,
soll die Augen öffnen
und nicht den Mund.

aus Tansania

12. Oktober

Wer immer ein frohes Lied
auf seinen Lippen hat,
kann kein dummes
Zeug reden.

13. Oktober

Eine Stelle in der Welt,
ein einziges Teilchen
wenigstens, können wir
verändern:
das ist das eigene Herz.

Reinhold Schneider

14. Oktober

Nicht mit der Laterne,
mit dem Herzen
suche die Menschen,
denn der Liebe allein öffnen
die Menschen ihre Herzen.

Peter Rosegger

15. Oktober

Es kommt vor allem darauf an, entschlossen zu beginnen.

Theresia von Jesus (Ávila)

16. Oktober

Ein großer Geist kann niemals Neid empfinden.

Maria-Theresia Radloff

17. Oktober

Wenn wir uns bei einem
Streit nicht einigen können,
pflegen wir den anderen
einen Rechthaber zu nennen.

Adolf Spemann

18. Oktober

Höflichkeit ist wie ein
Luftkissen:
Es mag wohl nichts
drin sein, aber es mildert
die Stöße des Lebens.

Arthur Schopenhauer

19. Oktober

Lebe so,
dass zu keiner Zeit
der Tod dich
unvorbereitet findet.

Thomas von Kempen

20. Oktober

Freiheit ist nichts
als die Möglichkeit,
unter allen Bedingungen
das Vernünftige zu tun.

Johann Wolfgang von Goethe

21. Oktober

Das Alter eines Menschen –
es bedeutet eine schöne
Fracht von Erfahrungen
und Erinnerungen.

Antoine de Saint-Exupéry

22. Oktober

An allem Unfug,
der passiert, sind nicht etwa
nur die schuld, die ihn tun,
sondern auch die, die ihn
nicht verhindern.

Erich Kästner

23. Oktober

Ich bin ein alter Mann und
habe in meinem Leben
viele Sorgen gehabt, aber die
meisten waren unnötig.

Mark Twain

24. Oktober

Wer sich selbst
im Wege steht,
sieht den
Nächsten nicht.

25. Oktober

Man kann ohne Liebe
Holz hacken,
man kann aber nicht
ohne Liebe mit
Menschen umgehen.

Leo Tolstoi

26. Oktober

Wer über jeden Schritt
lange nachdenkt,
der steht sein Leben lang
auf einem Bein.

Chinesische Weisheit

27. Oktober

Wer seinen Nächsten
verurteilt, kann irren.
Wer ihm verzeiht,
irrt nie.

Karl Heinrich Waggerl

28. Oktober

Wer niemals anfängt,
bringt nie
was zustande.

Sprichwort

29. Oktober

Glück ist nur da,
wo die Wünsche
stillstehen.

Friedrich Rückert

30. Oktober

Wer sich im Gestern sonnt,
versäumt das Heute.

31. Oktober

Lachen und Lächeln
sind Tor und Pforte,
durch die viel Gutes
in den Menschen
hineinhuschen kann.

Christian Morgenstern

XI

November

01. November

Lache das Leben an, vielleicht lacht es wieder.

Jean Paul

02. November

Gutmütigkeit ist eine
alltägliche Eigenschaft,
Güte die höchste Tugend.

Marie von Ebner-Eschenbach

03. November

Glücklich ist einer,
der bereit ist,
Zeit zu verschenken,
auch wenn er keine hat.

Adalbert Ludwig Balling

04. November

Worte, die geflüstert
werden, reichen weiter
als solche,
die man laut ruft.

aus Korea

05. November

Jeder Fehler erscheint
unglaublich dumm,
wenn andere ihn begehen.

Georg Christoph Lichtenberg

06. November

Am freiesten wird
nur der sein,
der am wenigsten
Bedürfnisse hat.

Ludwig Thoma

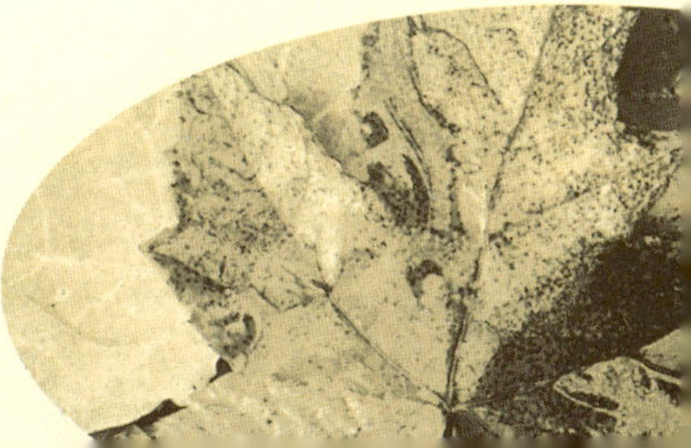

07. November

Wer viel schwatzt,
der zieht sich selber
und denen, so ihm am
nächsten und liebsten sind,
Unglück und Jammer
auf den Hals.

Johann Heinrich Pestalozzi

08. November

Jetzt sind die guten
alten Zeiten,
nach denen wir uns
in zehn Jahren
zurücksehnen werden.

Peter Ustinov

09. November

Gern verzeihen wir
unseren Freunden
die Fehler, die
uns nicht betreffen.

Vauvenargues

10. November

Freiheit besteht vor
allem darin, das zu tun,
was man nach seinem
Gewissen tun soll.

Albert Schweitzer

11. November

Lasst uns Brücken bauen,
und wenn der andere nicht
zu uns herüberkommen will,
so lasst uns zusehen,
ob wir nicht zu ihm
gehen können.

Augustin Wibbelt

12. November

Man sieht nur
mit dem Herzen gut.
Das Wesentliche ist für die
Augen unsichtbar.

Antoine de Saint-Exupéry

13. November

Immer wenn man
die Meinung der
Mehrheit teilt,
ist es Zeit
sich zu besinnen.

Mark Twain

14. November

Zehn Jahre lang Gutes
tun ist nicht genug.
Einen Tag Böses
tun ist zuviel.

Chinesisches Sprichwort

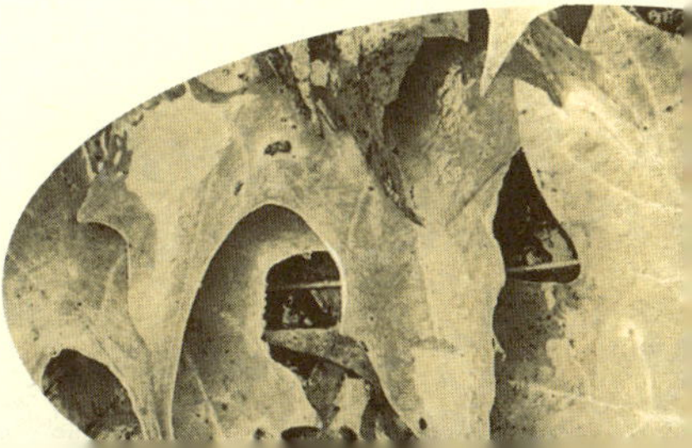

15. November

Wer mit Milde befiehlt,
dem gehorcht man gern.

Seneca

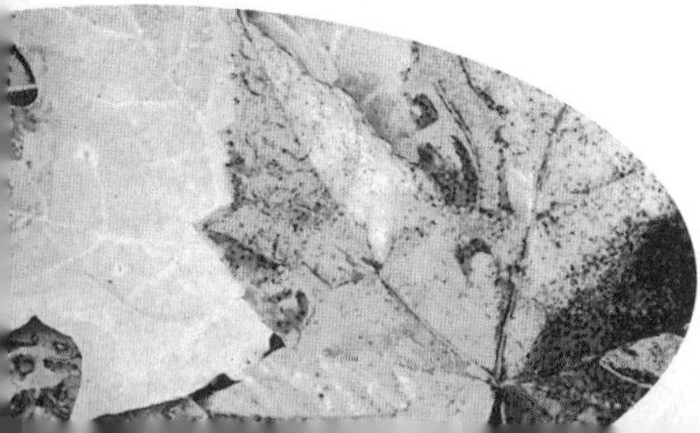

16. November

Wer im Leben kein Ziel hat,
verläuft sich.

Abraham Lincoln

17. November

Frohe Menschen sind
nicht bloß glückliche,
sondern in der Regel
auch gute Menschen.

Karl J. Weber

18. November

Heutzutage hat
keiner genug,
weil jeder
zuviel hat.

Karl Heinrich Waggerl

19. November

Wer zu schweigen versteht, weiß auch zur rechten Zeit zu sprechen.

Tommaséo

20. November

Lachen ist eine Macht,
vor der die Größten dieser
Welt sich beugen müssen.

Emil Zola

21. November

Wer den anderen liebt,
lässt ihn gelten,
so wie er ist,
wie er gewesen ist
und wie er sein wird.

Michel Quoist

22. November

Wir lieben die Menschen,
die frisch heraus sagen,
was sie denken – falls sie das
Gleiche denken wie wir.

Mark Twain

23. November

Zögere nie,
wenn es gilt
Gutes zu tun.

Japanische Weisheit

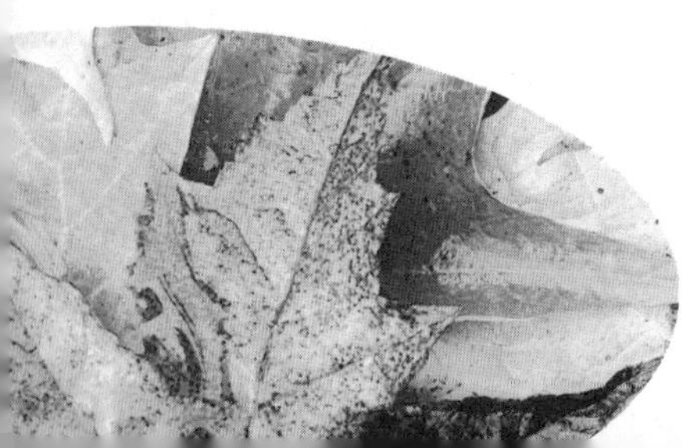

24. November

Die Freiheit besteht darin, dass man alles das tun kann, was einem anderen nicht schadet.

Matthias Claudius

25. November

Niemand ist so arm,
dass er nicht fähig wäre,
an seinesgleichen
Gutes zu tun.

Paul Claudel

26. November

Seine Freude in der
Freude des anderen
finden zu können –
das ist das Geheimnis
des Glücks.

Georges Bernanos

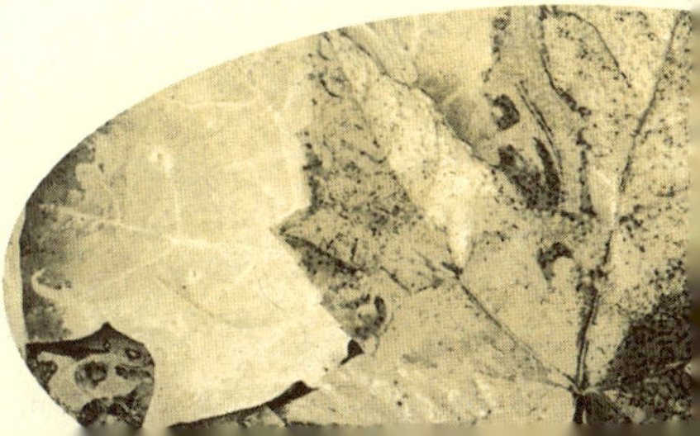

27. November

Beharren zeugt
von Torheit,
Ausharren von
Entschlossenheit.

Jacinto Benavente

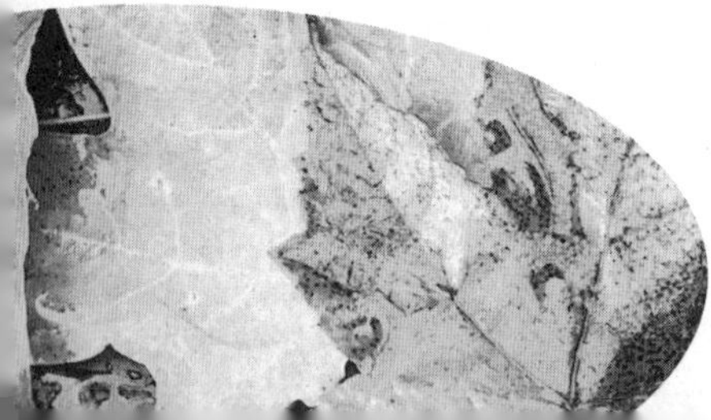

28. November

Nur dem Fröhlichen
blüht der Baum
des Lebens.

Ernst Moritz Arndt

29. November

Das Gewand der Liebe
ist aus dem Stoff
des Alltags gemacht.

Paul Bolkovax

30. November

Viel ist schon gewonnen,
wenn nur einer aufsteht
und Nein sagt.

Bertolt Brecht

XII

Dezember

01. Dezember

Weise Lebensführung
gelingt keinem durch Zufall.
Man muss, solange man lebt,
lernen, wie man leben soll.

Seneca

02. Dezember

Dass die Zeit vergeht,
gibt dem Leben den
tiefen Ernst der Verant-
wortung für die Stunde.

Paul Althaus

03. Dezember

Wer nicht mit dem zufrieden ist, was er hat, der wäre auch nicht mit dem zufrieden, was er haben möchte.

Berthold Auerbach

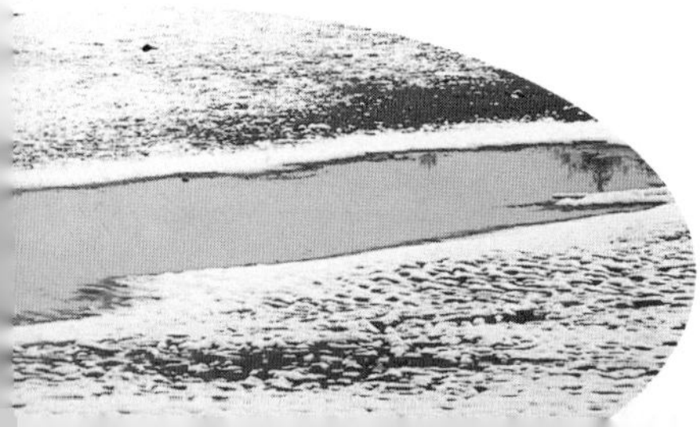

04. Dezember

Vergiss nicht –
man benötigt nur wenig,
um ein glückliches
Leben zu führen.

Marc Aurel

05. Dezember

Wenn du keine Last
zu tragen hast,
dann nur deshalb,
damit du die der
anderen mittragen kannst.

Madeleine Delbrêl

06. Dezember

Die wichtigste Stunde ist
immer die Gegenwart;
der bedeutendste Mensch ist
immer der, der dir
gerade gegenübersteht;
das notwendigste Werk ist
stets die Liebe.

Meister Eckhart

07. Dezember

Weise ist immer der Mensch,
der nicht den Dingen
nachschaut, die er nicht hat,
sondern sich der Dinge
erfreut, die er hat.

Epiktet

08. Dezember

Herr, es ist Advent.
Hilf mir zur Freude und
zum Stillesein in aller Hetze,
in allem Lärm, in allem,
was zu bewältigen mir
unmöglich ist.

Elsi Schindler

09. Dezember

Der Optimismus ist der
wahre Stein der Weisen,
der in Gold verwandelt,
was immer er berührt.

J. E. Chaponnière

10. Dezember

Wo Licht im Menschen ist,
scheint es aus ihm heraus.

Albert Schweitzer

11. Dezember

Liebe ist, sich um
das Wohl der Nächsten
zu sorgen, ist Schenken,
ist Verzeihen.

V. Gruber

12. Dezember

Stunden der Not vergiss,
doch was sie dich lehrten,
vergiss nie.

Salomon Geßner

13. Dezember

Jeder muss einen lieb haben.
Die Tragödie ist,
dass so viele Leute sich
selbst wählen.

14. Dezember

Wenn etwas gewaltiger ist
als das Schicksal,
dann ist es der Mut,
der es unerschütterlich trägt.

Emanuel Geibel

15. Dezember

Das ist das Herrliche
an jeder Freude:
dass sie unverdient kommt
und niemals käuflich ist.

Hermann Hesse

16. Dezember

Wer unfähig ist
zu vergeben,
der ist auch
unfähig zu lieben.

Martin Luther King

17. Dezember

Von einem Ausgleiten
des Fußes wirst du dich
schnell erholen;
ein Ausgleiten der Zunge
wirst du nie überwinden.

Benjamin Franklin

18. Dezember

Eine Seele, die liebt,
ist für die Welt
eine kleine Sonne,
die Gott ausstrahlt.

Chiara Lubich

19. Dezember

Es ist eine große Begabung,
ein Geheimnis zu bewahren,
diskret zu sein, nicht zu
lauschen, nicht zu spionieren.
Das ist eine große Kunst
und wahrer Edelmut.

Stefan Kardinal Wyszynski

20. Dezember

Enthaltsamkeit ist die erste
Stufe zum guten Leben und
kann nur nach und nach
erworben werden.

Leo Tolstoj

21. Dezember

Mit zwanzig Jahren hat ein
jeder das Gesicht,
das Gott ihm gab;
mit vierzig das Gesicht,
das ihm das Leben gab;
mit sechzig das Gesicht,
das er verdient.

Albert Schweitzer

22. Dezember

Dankbarkeit ist das
Gedächtnis des Herzens.

Jean Baptist Massieu

23. Dezember

Wo Vertrauen ist,
da genügen wenige Worte.

Berthold Mayr

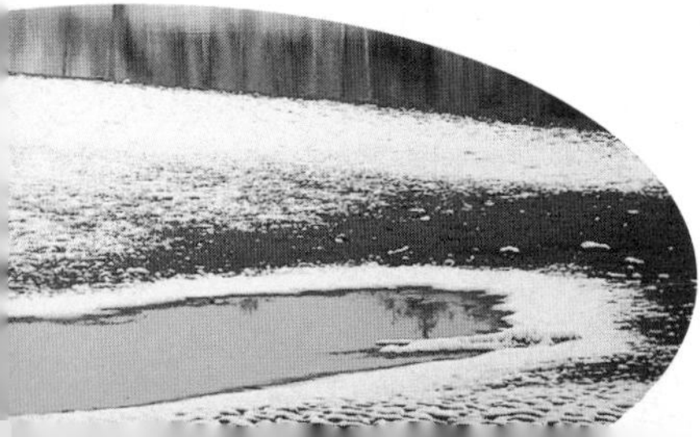

24. Dezember

Es ist genug Raum
in der Grotte von Betlehem
für jeden,
der sich zu bücken weiß.

Roland Knox

25. Dezember

Der Geburtstag des Herrn ist
der Geburtstag des Friedens.

Leo der Große

26. Dezember

Das Glück wird den
Menschen so selten zuteil,
weil sie es draußen suchen
statt drinnen.

Walter Nigg

27. Dezember

Der Weg zu Gott,
zum wahren Leben,
führt nicht an der Welt
vorbei, sondern in das
Miteinander mit dem
Nächsten.

28. Dezember

Nie stille steht die Zeit,
der Augenblick entschwebt,
und den du nicht benutzt,
den hast du nicht gelebt.

Friedrich Rückert

29. Dezember

Zufriedenheit
wandelt in Gold,
was immer sie berührt.

Benjamin Franklin

30. Dezember

Vertane Zeit wird am Ende
verlorene Ewigkeit.

Gotthard Niebert

31. Dezember

Ich wünsche dir: dass du dir Zeit nimmst, dass du dir Zeit lässt, dass du Zeit hast für andere und für dich selbst. Zeit, die nicht vertan ist, da sie Hoffnung und Liebe schenkt und bleibenden Wert hat bei Gott.